DISCOURS

PRONONCÉ LE 23 DÉCEMBRE 1898

À LA SÉANCE SOLENNELLE DE RENTRÉE

DE LA

CONFÉRENCE DES AVOCATS DE MARSEILLE

PAR

Me JEAN PIANELLO

AVOCAT

Imprimé en vertu d'une délibération du Conseil de discipline
en date du 24 Février 1899

LE SUFFRAGE UNIVERSEL

Le Vote obligatoire — La Représentation proportionnelle

MARSEILLE

TYPOGRAPHIE ET LITHOGRAPHIE BARLATIER

Rue Venture, 19

1899

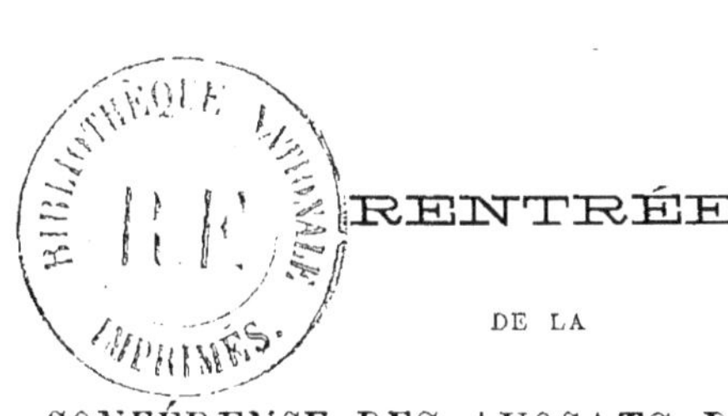

RENTRÉE

DE LA

CONFÉRENCE DES AVOCATS DE MARSEILLE

DISCOURS

PRONONCÉ LE 23 DÉCEMBRE 1898

A LA SÉANCE SOLENNELLE DE RENTRÉE

DE LA

CONFÉRENCE DES AVOCATS DE MARSEILLE

PAR

Mᵉ Jean PIANELLO

AVOCAT

Imprimé en vertu d'une délibération du Conseil de discipline
en date du 24 Février 1899

LE SUFFRAGE UNIVERSEL

Le Vote obligatoire — La Représentation proportionnelle

MARSEILLE

TYPOGRAPHIE ET LITHOGRAPHIE BARLATIER
Rue Venture, 19

1899

LE SUFFRAGE UNIVERSEL

LE VOTE OBLIGATOIRE — LA REPRÉSENTATION PROPORTIONNELLE

DISCOURS

*Prononcé à la Séance solennelle de Rentrée de la Conférence
des Avocats de Marseille, le 23 Décembre 1898*

MONSIEUR LE BATONNIER,

MES CHERS CONFRÈRES,

Ce n'est point de politique que je veux vous parler. Il en est parmi nous, je le sais, que cette distraction toujours passionne ; ceux-là penseront peut-être
que mon sujet y touche de très près et m'en sauront
gré, j'espère. Quant aux autres qui, indifférents aux
choses de gouvernement, s'intéressent aux seules
études juridiques, ils voudront bien reconnaître que
j'ai surtout voulu traiter ici une question de droit
public.

C'est du suffrage universel que je me propose de vous entretenir et — je vous le dis tout de suite — des imperfections trop évidentes de son fonctionnement actuel.

Lorsque, après de longues années de monarchie absolue, la France se réveilla enfin, lasse d'un régime d'arbitraire et de bon plaisir, lorsque ébranlée déjà par les théories philosophiques du siècle et cédant à l'impulsion donnée, la nation se prit à discuter les institutions jusqu'alors acceptées sans mot dire et à chercher à la souveraineté héréditaire une base légale, la théorie du droit divin rencontra bien des sceptiques. Le pouvoir d'en haut avait dès lors vécu.

En tête de toutes les libertés réclamées par un peuple opprimé toujours, devait logiquement figurer celle de se gouverner ou, pour mieux dire, de choisir ses gouvernants. C'était le droit de vote demandé par tous, mais parcimonieusement accordé à ceux-là seuls chez qui une situation aisée semblait une garantie des capacités nécessaires à l'exercice d'un privilège si dangereux.

Un grand pas était encore à faire. L'égalité avait été proclamée et à devoirs égaux prérogatives égales; le suffrage universel s'imposait. Près d'un demi-siècle toutefois fut nécessaire à sa consécration : la Constitution de 1848 lui donna le jour.

« Le suffrage universel, a dit Napoléon III, est une bêtise, mais qui fera le tour du monde. » (¹).

L'épithète, à mon sens, est dure autant qu'inexacte. Stigmatiser d'un mot un système qui déplait n'est point chose difficile, mais encore faut-il justifier une opinion, quelle qu'elle soit. Est-ce à dire que le suffrage universel défie toute critique ? Il serait osé de le prétendre et les arguments ne manquent pas à ses adversaires nombreux encore.

Et quoi ! disent-ils, assimiler ainsi l'universalité des citoyens ! Mettre sur le même pied le politicien de carrière et le plus humble des cantonniers ! Y songez-vous ? Donner un poids égal au bulletin d'un économiste consommé et au suffrage du plus illettré des cultivateurs ! Quelle hérésie !

Prise absolument, la critique est fondée, et tout le premier je m'incline devant elle. Que les cantonniers me pardonnent ; c'est à regret que je reconnais à ces fonctionnaires modestes une science politique égale à celle d'administrateurs de profession.

(¹) Charles Benoist : Sophismes Politiques de ce temps.

Mais que faire cependant ? Refuser aux premiers un droit accordé aux seconds ? Voyez l'injustice : tous deux ne paient-ils point l'impôt ? Tous deux ne sont-ils pas astreints au service militaire ? Tous deux, en un mot, ne subissent-ils point les mêmes charges ? N'ont-ils point, par voie de conséquence, droit tous deux aussi aux mêmes prérogatives ?

Et puis, où commence la capacité politique ? où finit-elle ? où se trouve la ligne de démarcation ? En d'autres termes, quel criterium adopter ? Vous ne pouvez répondre. Alors quoi ? Ne refuser à personne le droit de suffrage, mais donner plus à l'un, moins à l'autre ? Proportionner la valeur d'un vote à l'instruction du votant ? La même objection subsiste : c'est l'arbitraire encore.

« La corrélation, écrit M. Charles Benoist, entre le degré d'instruction et le degré de capacité politique n'est ni si forcée, ni si étroite qu'on puisse établir là-dessus un système de vote plural qui donnerait aux gens autant de voix qu'ils portent de bandes d'hermine. Ce serait une chinoiserie pire que toutes celles que nous subissons. »

Une mauvaise langue a dit : « On peut être un savant jurisconsulte, un économiste éminent, un professeur distingué, un politicien de carrière, en politique c'est tout comme. Jurisconsultes, professeurs, économistes, politiciens surtout, sont tous égaux dans une incapacité trop souvent notoire. » Je copie textuellement mais, je le répète, le mot est d'une mauvaise langue.

La vérité est que l'intelligence politique ne se pourra jamais définir et c'est ailleurs qu'il faut chercher un criterium. Mais où ?

Un dernier système subsiste, le régime censitaire. Le riche, dit-on, est en général plus instruit, plus capable par conséquent que le pauvre. L'impôt, d'autre part, est signe de fortune et toute fortune acquise un gage d'intelligence. Au riche par conséquent la capacité nécessaire à un choix éclairé, et à lui seul le droit de suffrage. Le chiffre d'impôt constituera donc la ligne de démarcation voulue.

Mais n'est-ce point faire revivre ainsi le plus sot des privilèges, le privilège de la fortune ? Et qui donc osera prétendre que tel individu, par la seule possession d'un capital qu'il ne doit peut-être qu'au hasard d'une succession, est par le fait plus intelligent, plus capable que tel autre moins favorisé des circonstances et souvent mieux doué de la nature ? Et puis quel minimum d'impôt adopter ? Quelques francs, que dis-je, quelques centimes suffisent-ils donc à annihiler une intelligence, à la réduire à zéro, à écarter de l'arène politique un citoyen qui s'y signalerait peut-être pour le plus grand bien de son pays ? Non, le sophisme est trop brutal, et si le régime censitaire appartient à l'histoire, on ne peut plus le défendre aujourd'hui.

Ainsi c'est par élimination que je procède et cette conclusion s'impose que « seul, comme l'a dit Bluntshli, le suffrage universel répond aux tendances démocratiques du siècle », que dans un pays qui ne connaît plus de privilèges, seul il répond à l'égalité de tous devant la loi ; et si, je le répète, la perfection n'est point son apanage, on peut sans crainte affirmer qu'il est le moins défectueux des systèmes proposés.

Vous le voyez, Messieurs, je ne suis pas absolu et n'aboutis qu'à une préférence. Mais il convient d'ajouter que l'imperfection qu'il me faut reconnaître peut se réduire, et de beaucoup, par l'éducation pratique d'un système défectueux dans son application surtout.

Je m'explique :

Sitôt la campagne électorale ouverte, les murs se couvrent de placards innombrables, bariolés, extravagants ; c'est l'usage et personne n'y manque. L'affiche est l'arme préférée ; toujours elle blesse, souvent elle tue. Nous connaissons tous le style électoral ; « taré, vendu, traître et renégat » y sont expressions courantes. En temps ordinaire, pareil vocabu–

laire exige parfois une réparation qui, en dépit des usages et des précautions prises, peut tourner au tragique. En matière électorale, il n'est que la consécration officielle d'opinions différentes. Le mal est minime et tout candidat sait à quoi il s'expose. Il a d'ailleurs pour lui la ressource du talion, œil pour œil, dent pour dent, et il n'y manque point ; c'est de jurisprudence.

Aux derniers jours cependant, il change de tactique. Il doit, malgré tout, songer à lui, lutter contre l'apathie du corps électoral et, suivant l'expression essentiellement triviale mais devenue classique « terrasser le spectre de l'abstention ».

Vous connaissez les clichés de circonstance ; mais arrive le jour du scrutin, l'émargement se fait lent, pénible et le soir, quelle désillusion ! Combien n'ont point répondu à l'appel sur qui l'on comptait pourtant ! Prières, supplications, tout pour eux fut inutile !

« Aures habent et non audient. »

Je sais un candidat rural qui, sans concurrent mais désireux d'éviter les angoisses d'un ballottage, n'avait point reculé, pour ce faire, devant un sacrifice bien lourd pour lui. Sa commune comptait près de cent électeurs. Peu de jours

avant le scrutin, prétextant un anniversaire quelconque, il les convia tous à sa table ; tous répon-
dirent à son invitation. « Autant de voix assu-
rées », pensait notre hôte. Hélas, il recueillit à
peine une soixantaine de suffrages ; le tiers de
ses convives ignorait jusqu'à la reconnaissance
gastrique.

C'est d'ailleurs la proportion habituelle et les
statistiques le démontrent.

M. Coutant ([1]) a fait des abstentions un tableau
comparatif. Dans les cantons suisses admettant la
liberté du vote, le chiffre varie de 35 à 71 pour
cent. Il atteint 50 pour cent en Italie, 65 pour
cent en Espagne et 85 pour cent en Allemagne
pour le Landtag Prussien. En France, après une
moyenne de 20 à 25 pour cent de 1825 à 1884,
nous arrivons pour les élections législatives à 22
pour cent en 1885, 24 pour cent en 1889, 32 pour
cent en 1893. Pour les élections départementales,
consulaires surtout, les abstentionnistes sont plus
nombreux encore.

Pareil état de choses ne peut subsister et sur
ce point tout le monde est d'accord.

L'abstention est la plaie du suffrage universel :

([1]) Paul Coutant : Le vote obligatoire.

elle fausse l'opinion d'un peuple, sa tendance politique. Elle peut ménager des surprises, des contre-coups aux conséquences désastreuses et à ce point de vue elle constitue pour le pays un véritable danger.

« Peut-on dire, écrit M. Coutant, qu'on connaît l'opinion publique et qu'on gouverne d'accord avec elle lorsque, au jour où elle se manifeste par les suffrages des citoyens, un grand nombre d'entre eux s'abstiennent de prendre part au vote ? »

Et plus loin il ajoute :

« C'est pour avoir ignoré jusqu'aux derniers jours l'opinion publique que Louis XVI s'est vu emporter avec son trône par le flot montant de la démocratie, qui venu de très loin et grossi lentement de toutes les colères d'un peuple sur qui pesaient toutes les charges, déborda soudain, couvrit tout, laissant derrière lui les ruines d'où devait sortir un monde nouveau ».

Prise en soi, l'abstention est un manquement au premier devoir du citoyen, manquement d'autant plus grave qu'il est malheureusement plus répandu. On l'a qualifiée de « suicide politique » et l'épithète n'est pas trop sévère. Elle est une faute et l'on doit la réprimer. Le vote est donc un devoir, il faut l'imposer, le rendre obligatoire.

Oh ! je sais les protestations que pareil projet a

soulevées déjà. Le vote obligatoire, a-t on prétendu, est inadmissible chez nous. Il n'y a jamais existé et y serait impraticable ; c'est une utopie. Bien plus, il froisse les principes les plus élémentaires de notre droit public.

La première condition, en effet, de l'existence d'un droit, c'est précisément, dit-on, la faculté pour son titulaire d'user de ce droit ou de n'en point user. Il ne relève, sur ce point, que de son bon plaisir. Suis-je bénéficiaire d'une servitude, propriétaire d'un domaine, je puis, tout à mon aise, user de ma servitude ou de n'en point user, jouir de mon domaine ou m'en désintéresser. Mais du jour où l'on m'obligera à me prévaloir de ma qualité de propriétaire, du jour où, pour généraliser, l'on me forcera à user de mon « droit », ce mot sera désormais impropre. Ce sera pour moi une obligation, c'est-à-dire tout l'opposé.

L'objection serait juste, décisive même, s'il était avéré que le vote fût un droit. Or là est toute la question.

Voter, a-t-on ajouté, est un droit naturel. Erreur profonde à mon sens, mais corollaire logique de la définition que certains penseurs ont formulée de la souveraineté nationale.

Tout individu, prétendent-ils, par le seul fait qu'il existe et appartient à un état organisé, possède en lui-même une parcelle de la souveraineté nationale et celle-ci, n'est, en retour, que la somme de ces parcelles disséminées chez tous les citoyens.

L'homme ainsi est souverain pour sa part et qui dit souverain dit aussi capable d'agir à sa guise, d'user de sa souveraineté ou de la répudier, ne relevant sur ce point que de lui-même. Il peut, en conséquence, voter ou ne pas voter et nulle puissance au monde ne doit, sous peine de porter atteinte à la souveraineté individuelle et par cela même à la souveraineté nationale, le contraindre à agir dans un sens ou dans l'autre.

Telle est la théorie du vote droit. Rousseau en fut le précurseur. Robespierre, Boissy-d'Anglas, Condorcet en ont été les partisans convaincus et de nos jours encore ce système apparaît à beaucoup comme le seul rationnel.

Sa base est pourtant bien fragile. Tenons quelques instants pour vraie cette idée que la souveraineté nationale n'est que la somme des souverainetés individuelles et que l'homme, souverain, doit ignorer tout devoir pour ne connaître que ses droits ; que deviennent sous cette formule nos obligations quotidiennes ? L'individu agira à sa guise ; chacun son maître, plus de lois, plus d'autorité ; ce sera le programme anarchiste. D'autre part le citoyen qui vote se gouverne-t-il ? L'affirmer serait puéril.

2

L'électeur se contente de nommer ceux qui feront la loi et quelle que soit celle-ci, il devra s'y soumettre. Est-ce là cette souveraineté dont on faisait tant bruit ?

Rousseau a prévu l'objection et l'expose. Chaque individu, pour lui, n'use de sa souveraineté qu'au moment du vote. Avant et après, de son plein gré, il renonce à son droit ; par sa seule entrée dans la société il a consenti à abdiquer en mains de cette dernière, la parcelle de souveraineté que lui avait conférée sa naissance. Devant l'urne, c'est un souverain qui commande ; dans la rue, c'est un citoyen qui obéit.

L'explication est pour le moins ingénieuse ; mais où relever ce consentement, où trouver quelque trace de ce pacte social ? « Oh ! ne cherchez pas, dit Rousseau, le contrat est tacite ! » Encore une fois c'est original.

Je ne voudrais, pour ma part, abuser de l'objection, soutenir, par exemple, avec quelques auteurs que si l'électorat est un droit, on doit pouvoir le céder, le vendre, le louer. Ce serait combattre le faux par l'absurde, confondre deux choses essentiellement distinctes, un droit public et un droit privé. Celui-ci se peut transmettre et l'ordre ne souffre point de son aliénation ; il se peut estimer aussi ; on sait ce que vaut un droit de propriété ou d'usufruit. Tout autre est un droit public ; son évaluation est impossible et nul ne saurait estimer à un chiffre quelconque le titre de sénateur ou le droit de le conférer. Pareils calculs seraient la négation de toute morale et de toute pudeur. On ne trafique pas plus d'un droit de vote que d'un droit de père ou d'époux.

Non, ce n'est point avec de pareilles armes qu'il faut lutter et les arguments ne manquent pas, plus sérieux et plus probants.

Si l'électorat est un droit de naissance, il doit appartenir à tout membre de la Société, quel qu'il soit. Plus de conditions de résidence, d'âge, de sexe.

Pourquoi un stage dans une commune pour user d'un droit universel ? Le voyageur ne fait-il, comme quiconque, partie de la Société ?

Pourquoi refuser à l'enfant un droit dont l'a doté sa naissance ? Comme le majeur ne peut-il au bénéfice d'une tutelle, posséder, hériter, que sais-je encore ?

Et la femme, pourquoi l'exclure de la Société dont elle relève aussi ?

Loin de moi, Messieurs, la pensée d'aborder un sujet qu'il y a un an à peine à cette même place mon confrère et ami, Me Eymin, a si complètement traité. Pour les uns, adversaires résolus du féminisme

« propter levitatem animi et imbecillitatem » Chrysale avait raison qui disait :

« Il n'est pas bien honnête et pour beaucoup de causes
« Qu'une femme étudie et sache tant de choses.
« Former aux bonnes mœurs l'esprit de ses enfants
« Faire aller son ménage avoir l'œil sur ses gens
« Et régler la dépense avec économie
« Doit être son étude et sa philosophie. »

Pour les autres plus galants, d'esprit plus tolérant aussi, l'électorat des femmes s'impose et le régime actuel est la consécration de la pire des injustices.

A ceux-là les reproches amers, les récriminations acerbes, les imprécations du sexe beau et affaibli. A ceux-ci au contraire tous ses sourires, toutes ses faveurs.

Je me contente de signaler la question, mais sans me prononcer j'en arrive à cette conclusion qu'il devient vraiment inutile de proclamer le vote un droit de naissance et de poser un tel principe pour y apporter aussitôt de si nombreuses exceptions. Lorsque l'exception absorbe la règle, la logique nous enseigne que, le plus souvent, la règle est inexacte et c'est ici le cas.

D'ailleurs si la souveraineté nationale n'était que la somme des souverainetés individuelles, qu'en

adviendrait-il donc de nos jours où ses parcelles
constitutives sont si rares que ni femmes, ni enfants
ne peuvent les revendiquer et qu'un tiers des
citoyens les dédaignent ! Le total, puisque de total
on veut parler, serait trop incomplet et pareille con-
ception ne pourrait, malgré tout, aboutir qu'à une
souveraineté ébréchée, à une souveraineté fantôme ;
conclusion fatale de prémisses erronées !

La vérité est que la souveraineté nationale est tout
autre. Une nation n'est point que la somme des
citoyens qui la composent. Elle forme un tout distinct et peu lui importent les individus. Ils naissent,
elle vit déjà ; ils passent, elle demeure. Elle a ses
traditions, son histoire ; elle a sa souveraineté pro-
pre ou plutôt seule elle a une souveraineté.

Comme la nation, la souveraineté nationale est un
tout distinct. La constitution de 1848 la proclame
« inaliénable et imprescriptible » et le citoyen en
votant ne peut la revendiquer, car voter n'est point
gouverner.

Et cependant ! Si l'électeur ne fait point la loi, ne
contribue-t-il à son élaboration puisqu'il nomme
ceux-là qui la voteront plus tard ? L'électeur, par
son vote n'influe-t-il donc indirectement sur les
destinées de tout un peuple ?

Peut-on dès lors prétendre que l'homme ait le
droit de se désintéresser d'un rôle aussi important, et

sa conscience ne lui fait-elle un impérieux devoir de consacrer son intelligence et ses forces au bien de la Société qui le compte parmi ses membres ? C'est une mission qu'il remplit, une fonction dont l'a investi la Société elle-même. Fonction grave entre toutes, périlleuse, exigeant une expérience solide et des hommes et des choses. Chez l'enfant, les garanties nécessaires sont insuffisantes encore ; à sa majorité seulement il aura droit de suffrage. Le condamné se rend indigne de cette mission de confiance ; il ne figurera plus désormais sur les listes électorales. Un contrôle public doit pouvoir s'exercer sur l'identité, la moralité de chacun ; d'où l'obligation de résidence. Tout s'enchaîne.

Vous le voyez, Messieurs, c'est par la réfutation même de la théorie du vote droit que presque malgré soi l'on aboutit au système de la fonction. Système plus nouveau, il faut le reconnaître, mais seul logique aussi, seul conforme aux principes et à la réalité.

Stuart Mill et Bluntshli en furent à l'étranger les zélés propagateurs. Barnave, Royer-Collard, La Boulaye, Fouillée, Littré comptent chez nous parmi ses plus autorisés partisans et notre constitution de 1791 en a pour la première fois esquissé le principe.

La théorie de la fonction aboutit forcément au vote obligatoire. Le juré ne peut refuser de siéger, le citoyen ne peut se soustraire à son vote. Tous deux sont investis d'une fonction, tous deux remplissent un devoir social.

Le vote obligatoire, en dépit de certaines affirmations, ne froisse donc aucun principe. Parlerai-je de son utilité pratique? Nul ne la conteste et sur ce point tout le monde est d'accord.

On est las d'une apathie qui s'accentue de jour en jour. On s'indigne avec raison contre cet état d'âme inqualifiable qui assure le plus souvent la victoire d'un parti qui, de fait, ne représente qu'une minorité réelle. Chacun enfin réclame un régime où tout citoyen soucieux de ses propres intérêts devrait, par sa participation réelle aux destinées nationales, doter son pays d'une représentation sincère et vraiment démocratique dans l'étymologique acception du terme.

Mais comment assurer ce régime idéal? comment en régler le fonctionnement?

« Dans tout Etat, a dit quelqu'un, il faut un député pour faire la loi, un juge pour l'appliquer, un gendarme pour la faire respecter ». Dans notre cas, c'est le gendarme qu'il faut trouver; je veux dire le moyen de coercition, la sanction du devoir imposé à tout citoyen.

Sanction impossible, aux yeux de nos adversaires, inefficace si elle est légère, en disproportion avec la faute si elle est plus rigoureuse, mais toujours sans juste milieu.

Une sanction, il faut bien le reconnaître, est indispensable et l'expérience nous le démontre.

Plusieurs cantons suisses (Uri, Apenzell, etc.), le Vénézuela, le Mexique, quelques républiques centre-américaines (Salvador, Costa-Rica) ont adopté le vote obligatoire. Mais aucun de ces Etats n'a osé compléter le principe par une sanction. C'est plutôt chez eux un desideratum que l'on exprime qu'un devoir que l'on impose ; l'abstention y fleurit tout comme sous le beau ciel de France.

C'est là une preuve de ce que j'avançais tantôt : si le vote est obligatoire, il faut punir ceux qui, sans excuse, en font fi.

Plusieurs systèmes ont été proposés, mais tous, hélas! dorment d'un sommeil profond dans les cartons parlementaires.

Pour certains, le mieux serait de frapper le délinquant dans son amour-propre; le nom de l'abstentionniste serait affiché à la porte de l'Hôtel de Ville, exposé aux regards du public, peut-être même à son mépris. Serait-ce suffisant et n'est-il à craindre que pour beaucoup de gens la lecture de ces listes de « suspects » soit une distraction fort relative? Quant à ceux, moins nombreux certainement, qui pourront trouver à la chose quelque intérêt, n'auront-ils à leur

disposition, tout comme aujourd'hui, les cahiers
d'émargement et s'efforceront-ils de déchiffrer ces
hiéroglyphes affichés de par la loi et que nous connaissons tous, mystérieux, noircis par le temps et la
poussière, exposés le plus souvent en un couloir
obscur, et qu'un épais grillage défend enfin contre
toute indiscrétion ?

Non, vraiment, le pilori ne serait guère à redouter
et l'amour-propre du coupable en souffrirait bien
peu !

On a proposé, d'autre part, de priver du droit
d'élection les circonscriptions trop fécondes en abstentionnistes. « Vous ne voulez pas voter, dirait-on
aux électeurs indolents, c'est fort bien ; j'en prends
acte et ne voudrais pour rien au monde vous imposer
cette peine. Ne vous dérangez pas, le représentant
que vous auriez pu choisir vous sera désigné d'office
par le Gouvernement. Vous savez désormais à quoi
vous vous exposez ». Système radical en vérité, simple aussi, d'une originalité incontestable dont l'ad-
mission se conçoit, à la rigueur, dans un pays auto-
crate comme la Russie mais ne peut que surprendre
dans le démocratique canton de Genève. Système
injuste d'ailleurs, puisqu'il frappe indistinctement
l'innocent et le coupable, l'électeur et l'abstentionniste. Il me rappelle certain brave curé de campagne qui ne manquait, chaque dimanche, de fulminer

du haut de sa chaire contre ses paroissiens venus trop rares à son prêche. Les fidèles subissaient l'orage, mais qu'y pouvaient-ils ? Les coupables s'en souciaient fort peu, ils n'étaient pas là.

Une répression aveugle est évidemment absurde et toute peine doit, en premier lieu, ne frapper que les coupables.

C'est dans ce but que l'on a songé à faire supporter par les abstentionnistes les frais du scrutin demeuré, par leur fait, infructueux. Le duché de Bade et la Bavière ont adopté, depuis quelques années déjà, ce procédé qui à première vue paraît plus équitable.

Et pourtant...! que coûte une élection ? Quel candidat osera jamais avouer le prix d'un siège toujours coûteux, d'un insuccès payé peut-être plus cher encore ? L'évaluation sera pour ainsi dire impossible ; bien plus, le principe cache lui-même une injustice.

L'abstention, en effet, peut annihiler un premier tour de scrutin mais elle demeure sans effet au jour du ballottage. Peu importe alors le nombre des votants, l'élection est toujours assurée. De sorte que la peine n'ayant pour base ici que le résultat de la faute et non la faute elle-même, il s'ensuit qu'au premier tour l'abstentionniste sera puni, tandis que quelques jours plus tard, plus coupable puisqu'il est récidiviste, il échappera à toute répression. Le résultat est inique, contraire à tous les principes.

En France, les systèmes de l'amende et de l'affichage exceptés, aucun de ces projets n'a été déposé sur le bureau des Chambres, et l'on semble préférer chez nous des modes de répression plus simples encore, bien que relevant des mêmes principes.

Les uns, tenant sans doute l'amour-propre pour la première qualité du Français se contentent d'une répression morale. Pour les autres, plus sceptiques peut-être, une sanction pécuniaire est indispensable. Pour ceux-ci c'est l'amende, légère à la première infraction, s'aggravant à chaque récidive ; système appliqué en Danemark, en Bulgarie et dans quelques cantons suisses, proposé chez nous par MM. Paul Guérin, Laroche-Joubert, etc. Pour ceux-là, c'est la radiation des listes électorales, temporaire d'abord, définitive ensuite. « Puisque vous ne votez pas, dit-on aux abstentionnistes, pourquoi votre titre d'électeur ? Il devient inutile, supprimons-le. »

Ces systèmes ont tous deux leurs qualités propres mais peut-être gagneraient-ils encore à leur combinaison dans des conditions déterminées.

On soutient, je le sais, que l'amende sera, suivant son taux, insuffisante pour le millionnaire ou trop rigoureuse pour un malheureux ; que d'autre part proportionnelle à la fortune du délinquant elle serait contraire au principe de l'uniformité des peines. L'objection est à mon sens peu sérieuse. Notre Code pénal jouit déjà, en fait de répressions pécuniaires, d'une certaine latitude et les cas sont rares où pour un délit ordinaire l'amende est fixe. La loi, le plus souvent, se borne à lui assigner les limites extrêmes, laissant le chiffre à l'appréciation souveraine du juge. Pourquoi n'en serait-il de même ici ?

Pour certaines personnes, il est vrai, l'amende quelqu'élevée qu'elle soit importera fort peu. Tels se font gloire aujourd'hui de ne jamais voter qui s'en vanteront d'autant plus que l'abstention leur coûtera plus cher. Pour eux l'amende est donc insuffisante et puisque l'on ne peut songer à l'emprisonnement trop rigoureux, la radiation demeure la seule peine efficace.

L'homme est ainsi fait que s'il néglige souvent d'user de son droit il souffre cependant de la privation de ce même droit qu'il dédaigne. C'est de la psychologie, mais de la psychologie vraie.

« Il paraît difficile de soutenir, écrit M. Coutant, qu'un électeur si dédaigneux qu'il soit des choses de la politique, si indifférent qu'il se dise à l'égard des idées, des hommes, ou de la forme des gouvernements se résigne ainsi de gaîté de cœur à se voir retrancher du nombre des citoyens actifs, qu'il souffre en un mot une telle diminution ou un tel anéantissement de sa personnalité, alors qu'il lui suffit de déposer dans l'urne un simple bulletin de vote, qui pourrait être un bulletin blanc, ce qui permet à l'électeur de ne pas prendre parti ou d'exprimer son mécontentement. »

Surtout si, comme on l'a proposé, à la privation de l'électorat vient se joindre la perte de l'éligibilité. Qui donc, en effet, à l'âge où sont encore permises toutes les illusions, toutes les espérances, mêlé aux succès d'un candidat heureux, aux joies de son triomphe, n'a caressé quelques instants du moins le rêve si doux de briguer un jour peut-être le suffrage de ses concitoyens? En ces temps de popularité si fragile, mais si inexpliquée souvent, le rêve est excusable.

Surtout encore si, comme le propose M. Félix Moreau [1] la radiation s'aggrave aussi, conformément aux articles 34 et 42 du Code pénal, de « l'incapacité de faire partie d'aucun conseil de famille, et d'être tuteur, subrogé-tuteur ou conseil judiciaire si ce n'est de ses propres enfants et sur l'avis conforme de la famille ; de l'incapacité de siéger dans le jury, d'être expert ou témoin dans les actes, de témoigner en justice ».

Mais ne serait-ce, d'autre part, user de trop de rigueur pour une première infraction ? L'abstentionniste incorrigible, l'homme qui persiste à se préoccuper si peu de sa patrie et de ses intérêts est indigne, il

---

[1] Félix Moreau : Le Vote Obligatoire ; principe et sanctions. (Revue Politique et Parlementaire, janvier 1896.)

est vrai, de toute indulgence. Mais une première faute est excusable et avant d'adopter un code aussi sévère, une amende ne suffirait-elle point, minime tout d'abord, plus forte à la première récidive? Ce serait un avertissement, une sorte de « loi Bérenger ». La suppression temporaire des droits publics ne viendrait qu'après, suivie enfin, au cas de nouvelle faute, d'une radiation définitive. La répression ne pourrait ainsi être taxée de trop rigoureuse en ses débuts et ne seraient sévèrement punis que les coupables incorrigibles ; nul ne saurait s'en plaindre.

Je n'ai certes pas, Messieurs, l'intention de fixer ici le nombre d'abstentions nécessaires à tel chiffre d'amende ou à tel autre, à une radiation temporaire ou définitive. Je ne vous entretiendrai pas davantage de la procédure à suivre et de la juridiction compétente, des excuses qui, variables à l'infini, devront être laissées à l'appréciation souveraine du juge, du suffrage par correspondance qui me semble le corollaire inévitable du vote obligatoire, des bulletins blancs enfin, qui, exprimant de l'électeur un mécontentement ou une protestation, devront entrer en compte au dépouillement du scrutin. Ce sont là points de détail qui ne modifieraient rien au principe d'un système qui apparaît à beaucoup comme le seul logique, le plus juste et le plus efficace ; système adopté en Belgique après que cet Etat, sur les instances de son ministre M. Bernaërt, eut proclamé en 1893 le vote obligatoire ; système proposé à notre Assemblée Nationale par M. Wallon en 1872, à la Chambre des Députés par M. Letellier en 1880, par MM. Gauthier (de Clagny) Argelès et Marcel Habert en 1894.

Depuis lors, hélas ! ces divers projets attendent, sous la poussière des archives, une discussion ajournée sans cesse. Dans le pays, cependant, l'idée chaque jour se propage. Nous avons vu que le vote obligatoire existe en maints états ; il n'est donc point une utopie. Souhaitons son avénement chez nous. Le jour où nous l'aurons proclamé, un grand pas sera fait.

Chacun devant obligatoirement participer à la manifestation de la volonté nationale s'intéressera de lui-même à la vie publique de son pays.

Ce jour-là seulement, le suffrage universel méritera son nom et nos parlementaires pourront vraiment se dire les élus de la majorité.

*
* *

Mais ce qui sera vrai des représentants le sera-t-il aussi de la représentation elle-même ? Telle est la question qu'il convient d'envisager maintenant.

Par le vote obligatoire, la majorité sera vraie,

Parfois, cependant, elle se révèlera insignifiante. Au cours de nos dernières élections législatives je relève, à ma connaissance, deux candidats élus à Lyon et en Corse, à moins de dix voix de majorité, et il est probable que d'autres furent dans le même cas.

Supposons une circonscription divisée en deux camps bien distincts et d'importance à peu près égale, les modérés et les radicaux par exemple. Le dépouillement du scrutin de ballottage attribue 10.001 voix au parti modéré et 9.999 au parti radical. Le candidat modéré est élu ; la loi est formelle.

Vraiment, est-il juste que cette majorité minime, j'allais dire ridicule, ait seule une représentation ? Est-il juste encore que cette représentation s'impose à une minorité presque équivalente, éliminée totalement et tenue pour zéro ? En d'autres termes, et pour poser la question de façon classique, doit-on donner tout à la moitié plus un, rien à la moitié moins un ?

Chacun sait combien capricieuse est, au point de vue électoral, l'actuelle division de nos départements. Telle circonscription comprend vingt mille électeurs, telle autre en compte cinq mille à peine. Si dans toutes deux la majorité est minime, il s'ensuit que 2.600 citoyens ont droit d'un côté à un mandataire que l'on refuse de l'autre à 9.900 électeurs.

Aux élections belges de 1888, 25.510 voix ont donné aux catholiques 44 députés ; 22.560 suffrages libéraux n'ont obtenu que deux sièges En vérité l'iniquité est trop brutale.

« J'admire ceux, disait Louis Blanc, qui définissent le règne absolu de la majorité, le gouvernement du peuple par lui-même et qui, cela fait, se croient de grands démocrates. J'affirme moi, au nom de l'évidence, que c'est là tout simplement le gouvernement du plus petit nombre par le plus grand nombre ».

La France est un état démocratique, c'est du moins sa prétention. Or, dans toute démocratie, le pouvoir vient d'en-bas. « Gouverner le peuple par le peuple » telle est la devise républicaine.

A l'origine le peuple se gouverne lui-même. Reportons-nous à Rome, au sein des Comices Populaires ; la foule emplit le Forum, elle discute ses lois et les vote ; mais si la majorité y décide, du moins la minorité peut elle y prendre la parole et se défendre.

Pareil système toutefois ne peut subsister longtemps ; la ville est devenue une province, la province un état. Le peuple, nombreux et disséminé, ne peut à jours fixés se réunir et discuter. Il nomme alors ses mandataires et leur délègue ses droits. C'est le régime représentatif.

Le mot explique la chose. Le Parlement doit « représenter » le pays entier dont il émane ; il doit

être son image fidèle, reflétant majorités et minorités, reproduisant leurs proportions respectives. Suivant le mot de Mirabeau : « Les assemblées sont
pour la nation ce qu'est une carte réduite pour son
étendue physique ; soit en partie, soit en grand, la
copie doit toujours avoir les mêmes proportions que
l'original » (¹). Et c'est justice. Si le peuple, en effet,
ne fait pas la loi lui-même, s'il n'a même pas chez
nous, comme en Suisse pour certains cas, la ressource du referendum, cette loi n'en sera pas moins
obligatoire pour tous. N'est-il donc point juste que
tous aussi participent à sa discussion, chaque parti
évidemment, dans la proportion des forces dont il
dispose ?

« D'après la Constitution, publiait il y a quelques
années un journal suisse, l'*Union libérale de Neu-
châtel*, tous les citoyens sont égaux. Or, y a-t-il
égalité de droits entre l'électeur de la majorité dont
les opinions et les intérêts sont seuls représentés et
le citoyen de la minorité qui n'est pas représenté du
tout ? Que dis-je, il n'est pas représenté. Il ne l'est
que trop puisque, par comble d'absurdité, il est représenté par les députés d'une opinion contraire à la
sienne. »

____

(¹) Ernest Naville : La Question Electorale en Europe et en
Amérique.

Le système majoritaire fait fi de toutes ces considérations ; nous le subissons pourtant, les masses l'acceptent sans le discuter. Il semble qu'il soit le seul logique et pourtant, à quiconque réfléchit, il apparaît comme une injustice flagrante.

Système faux, dit M. Naville [1] en une page qu'à regret je résume, car il aboutit à une majorité factice issue de la coalition de partis souvent opposés dans leurs intérêts et dans leurs doctrines ; système injuste, puisqu'il prive de représentation des minorités souvent importantes et parfois même des majorités réelles ; système funeste, car beaucoup de citoyens ne voulant aliéner leur indépendance en de douteuses combinaisons, prévoyant d'autre part une défaite assurée, se désintéressent des affaires publiques, se retirent sous leur tente, privant leur pays d'un concours peut-être éclairé et bienfaisant ; système dangereux enfin, car un gouvernement issu d'un pareil régime ne peut suivre l'opinion publique qu'il ignore et s'expose à des contre-coups aussi terribles qu'imprévus.

Un procédé s'impose donc plus équitable, plus vrai, n'établissant entre la nation et le parlement qu'une différence de « dimensions », si je puis employer ce mot.

[1] J.-P. Laffitte : « La Représentation proportionnelle ».

C'est le principe de la Représentation Proportionnelle.

Au point de vue « idée » le système n'a que des approbateurs ; son application seule soulève de nombreuses critiques et toutes les objections formulées contre lui se résument d'un mot : il est impraticable.

Impraticable, dit-on, dans son organisme, car en un pays d'opinions si diverses comme est le nôtre, on ne peut donner une représentation à tous les partis existants. Impraticable dans ses effets, car en face d'assemblées éminemment hétérogènes, conséquences fatales d'un tel régime, tout gouvernement deviendra impossible. Impraticable enfin dans son fonctionnement même, car il exige chez l'électeur un discernement souvent bien subtil et au jour du scrutin des opérations trop compliquées.

De ces trois objections les deux premières sont peu sérieuses.

Nul ne songe à doter d'une représentation un parti né de la veille et nous verrons plus bas que le « quotient électoral » opère une sélection mathématique, choisissant entre toutes les minorités celles-là seules qui, par leur importance et leur vitalité, méritent d'être retenues en compte.

Que pareil régime ait pour effet de compliquer la tâche du gouvernement, la chose est vraie peut-être, mais est-ce donc suffisant ? Un parlement sans opposition serait évidemment de rapports plus faciles, un pays sans parlement plus aisé à gouverner ; que ne supprime-t-on dès lors opposition et parlement ; tout serait simplifié. Je le disais tantôt, pareilles objections sont bien fragiles et les adversaires de la représentation proportionnelle l'ont si bien compris que c'est, de nos jours, contre son fonctionnement pratique qu'ils ont concentré toutes leurs forces.

J'en arrive ainsi à cette pratique si combattue. Loin de moi, l'idée de tenter ici l'exposé complet des nombreux systèmes proposés. Ces quelques pages n'ont aucune prétention didactique et un volume serait d'ailleurs insuffisant.

Je me borne donc à citer les théories de la simple pluralité, de la liste unique avec quotient unique, de la liste fractionnée, du vote gradué ou des suffrages décroissants, du quotient d'élimination, etc., pour ne vous entretenir que des trois systèmes plus connus du vote cumulatif, du vote limité et du quotient.

Tous trois ont une base unique, le scrutin de liste. Faut-il s'en plaindre ? Aujourd'hui le scrutin d'arrondissement l'emporte. Hier le vote par liste avait toutes nos faveurs et peut-être y reviendra-t-on demain encore ! Les deux systèmes ont leurs partisans sincères, leurs adversaires convaincus ; tous deux ont des avantages et des inconvénients. Que

peut-on reprocher au premier ? De faciliter l'avènement de personnalités médiocres qui, sous le couvert
d'une liste, passent à travers mailles, usurpant une
faveur par eux imméritée ? La critique est peut-être
fondée, mais n'y a-t-il aucune compensation ? Avec
le vote par listes le niveau des luttes électorales se
relèverait. Ce ne seraient plus, comme bien souvent
de nos jours, pures querelles de clochers ou de personnes. On se cantonnerait de part et d'autre sur un
terrain strictement politique ou social et l'élection
ne devant être pour l'Etat une consultation d'autre
nature, le but serait plus sûrement atteint. Le devoir
de l'élu n'est point de défendre les intérêts particuliers ; ce sont les intérêts généraux qu'on lui confie
et c'est sur eux qu'il doit veiller. « Moins particuliers
seront les intérêts représentés, meilleure sera la
représentation et meilleure la législation. »

La circonscription est moins que le département.
Si celui-ci est du territoire une partie arbitrairement
découpée, celle-là est du département une division
plus arbitraire encore. Le scrutin de liste représentant un département « donne donc mieux une représentation plus générale, une législation inspirée de
plus haut et de vues moins fermées, il sert plus de
citoyens et mieux tous les citoyens... » (1).

(1) Charles Benoist : La Crise de l'Etat moderne.

Somme toute, les deux procédés se valent. Scrutin de liste et scrutin uninominal ont chacun, je le répète, leurs qualités et leurs imperfections et l'on ne pourrait guère déplorer le retour d'un système qui, depuis un siècle, fut adopté chez nous à cinq reprises différentes et sous tous les régimes.

D'après le Vote Cumulatif, l'électeur a droit à autant de suffrages qu'il y a de sièges à pourvoir, mais à lui de disposer de ses voix comme bon lui semble. Il peut à sa guise répartir ses votes entre chacun des postulants ou les reporter tous sur quelques candidats ou encore sur un seul d'entre eux. A lui de manœuvrer en conséquence. Une minorité peut ainsi, en concentrant ses forces sur un nom, s'assurer une représentation que lui refuse le régime majoritaire.

Tel est le système. Sa simplicité a frappé M. Prévost-Paradol qui est du Vote Cumulatif un partisan convaincu. Ce mode de votation ne fonctionne pourtant qu'à New-Jersey, en Pensylvanie et dans l'Illinois. Il présente, à mon sens, un grave inconvénient : une minorité bien organisée peut, par une cohésion intelligente, avoir raison d'un parti numériquement plus fort mais qui sans discipline dissémine ses votes. La minorité l'emporterait ainsi. L'erreur ne serait donc que déplacée, subsistant plus grossière encore.

'Avec le Vote Limité, ce danger n'existe pas. Chacun, d'après ce système, ne peut exprimer qu'un nombre de suffrages inférieur à celui des candidats qu'il faut élire. Y a-t-il quatre sièges vacants, l'électeur ne dispose que de trois voix ; y en a-t-il six, il a droit à quatre votes et c'est ainsi de suite. La majorité obtient de la sorte trois ou quatre sièges, la minorité en a, suivant le cas, un ou deux.

Ce système a été appliqué en Angleterre ; il fonctionne encore dans le canton de Vaud, en Espagne, en Portugal, en Italie même pour les élections municipales. « Depuis dix ans, dit à son sujet M. J.-P. Laffitte (¹), que je défends dans la mesure de mes forces la cause de la représentation proportionnelle, je suis arrivé à cette conviction que le système le plus simple est celui qui a le plus de chances d'être adopté chez nous. Ce n'est qu'un minimum de représentation proportionnelle, mais mieux vaudrait se contenter provisoirement de ce minimum que de ne rien obtenir pour avoir trop demandé ».

M. Laffitte a raison ; pareil procédé ne reflète que très rarement l'opinion exacte d'un peuple. Le chiffre alloué à la minorité y est fixé d'avance : il est, suivant les pays, de 1 ou 2 pour 5, de 2 ou 3 pour 9, etc... Ces chiffres traduiront-ils toujours la proportion

---

(¹) Jean-Paul Laffitte : La Représentation Proportionnelle

réelle ? Supposons neuf députés à élire en une circonscription comprenant quinze mille républicains
et un millier de conservateurs. Pourquoi accorder
deux ou trois voix à une minorité qui ne représente
que le seizième du corps électoral ? La proportion ne
sera pas exacte.

Cet inconvénient permet, il est vrai, d'éviter les
complications d'un procédé plus fidéle peut-être mais
d'une pratique en tous cas plus ardue. Je veux
parler du Système Suisse ou du Quotient Electoral.

Ici, comme pour le Vote Cumulatif, l'électeur dispose d'autant de suffrages qu'il y a de députés à élire,
mais chacun de ses suffrages compte double ; il pro-
fite à la fois au candidat et à la liste dont il fait partie.
Il y a donc au dépouillement du scrutin, un double
calcul à faire : voix obtenues par les listes et voix
obtenues par les candidats. En votant pour une liste
entière, on accorde un suffrage à chacun de ses
membres et une voix aussi à la liste elle-même.
Point n'est besoin d'ailleurs de voter pour une
liste en bloc ; l'électeur peut rayer certains noms
qui lui déplaisent ou même « panacher » son vote,
choisir en d'autres termes ses candidats sur des
listes différentes. En ce cas, toutefois, il doit faire
précéder les noms choisis de la désignation de la
liste qui, par la seule opinion qu'elle représente,
aurait ses préférences.

Après le vote, le dépouillement. On divise en premier lieu le chiffre des votants inscrits par le nombre des candidats à élire et l'on obtient ainsi le « quotient électoral », ou suivant l'expression de M. Benoist « l'unité de représentation, le mètre électoral ». Puis on relève le nombre de voix obtenu par chaque liste. Tout parti n'ayant point atteint le quotient est dès lors éliminé. Autant de fois une liste a couvert ce chiffre, autant de sièges lui sont dévolus. Il suffit enfin de compter les suffrages obtenus par chaque candidat pour proclamer élus les premiers arrivants.

Un exemple est nécessaire : Une circonscription de 45.000 électeurs doit élire 5 députés ; trois listes sont en présence, républicaine, conservatrice et socialiste. Je divise le chiffre d'électeurs, 45.000, par le nombre de candidats, 5, et j'obtiens ainsi le quotient électoral, 9.000. Autant de fois une liste obtient 9.000 voix, autant de députés elle doit avoir. Les républicains, je suppose, ont recueilli 27.000 suffrages, les conservateurs et socialistes respectivement 9.000. Les républicains ont droit à 3 sièges ; les listes conservatrice et socialiste à un député chacune. J'additionne ensuite, pour chaque liste, les suffrages individuels des candidats. Les premiers arrivants sont élus.

Tel est le système en son entier. On ne peut

évidemment l'affirmer aussi simple que le régime actuel, mais est-il, dit-on, réellement si compliqué que sa pratique en devienne impossible ?

Pour l'électeur, peu de calculs. Choisit-il une liste pour l'adopter en bloc, on lui remet un feuillet imprimé qu'il dépose dans l'urne. Certains candidats lui déplaisent–ils, quelques traits de plume sont toute sa besogne. Veut-il enfin panacher son vote, il lui suffit en ce cas de donner à la liste qu'il dresse le nom de celle qui, par l'opinion qu'elle représente et abstraction faite de toutes personnalités, lui paraît la meilleure.

Pour le bureau, le travail est-il beaucoup plus complexe ? Etablir par une division le quotient électoral, additionner les suffrages respectivement obtenus par les listes et par les candidats, diviser enfin par le quotient le chiffre atteint par chaque liste pour lui attribuer un nombre de sièges équivalent, telles sont les opérations. Ne peut-on les proclamer à la portée de toutes les intelligences ?

Voyez d'ailleurs, ajoute-t-on, si le système était si ardu qu'on le prétend, serait-il pratiqué en pays aussi divers ?

J'ai cité déjà l'Italie, l'Espagne, le Portugal, certains états américains. En Danemark, pour les élections à la Chambre-Haute, le système proportionnel fonctionne depuis 1855. On le retrouve encore au

Brésil pour certaines élections, dans la République Argentine, à Malte, au Cap. Une mention spéciale revient à la Suisse et la loi génevoise du 6 juillet 1892 est à juste titre considérée comme le type du système.

En doctrine, l'Anglais Thomas Hare fut le préconisateur de l'idée proportionnelle. Stuart Mill, Bluntshli, Louis Blanc comptent parmi ses avocats les plus sincères. Le nom de Prévost-Paradol vous est déjà connu. De nos jours, il faut citer M. Laffitte, M. Saleilles, M. Naville, le distingué philosophe génevois, et aussi MM. Boutmy et Rostand, ce dernier notre concitoyen, qui ont tous deux, en divers articles et avec un égal talent, combattu le système majoritaire. Je m'en voudrais enfin d'omettre ici le nom de M. Bernaërt, ancien président du Conseil de Belgique qui, après avoir doté son pays du vote obligatoire, déposa en 1894, sur le bureau de la Chambre, un projet de représentation proportionnelle conçu par lui, qu'il défendit avec une autorité et une ardeur dignes en vérité d'un meilleur sort.

En pareille compagnie, disent les partisans du système, peut-on faire fausse route ?

Et songez aux résultats :

Chacun sachant qu'il pourra enfin entrer en ligne de compte et voter efficacement, s'acquittera plus volontiers de son devoir de citoyen, sûr d'atteindre désormais un but jusqu'alors chimérique.

Les petites minorités, il est vrai, celles ne pouvant malgré tout couvrir le quotient électoral, seront encore privées de représentation. Mais pourront-elles se plaindre. C'est un moyen plus facile qu'on leur propose, une moindre difficulté qu'il leur faudra résoudre. A elles de lutter, de s'affirmer et de s'étendre.

Les luttes électorales deviendront moins vives ; ce ne sera plus comme aujourd'hui une question de mort ou de vie pour les partis en présence, l'agitation politique disparaîtra d'elle-même et la devise sera pour tous : « A chacun selon ses forces ».

Plus de ces coalitions étranges qui faussent l'opinion d'un pays et lui donnent une représentation mensongère. Plus de contre-coups à redouter. Le Gouvernement sera, devant les Chambres, en face de la nation elle-même. Connaissant ses penchants et ses craintes, ses désirs et ses aversions, il pourra marcher avec elle. Hélas ! c'est bien souvent contre elle qu'il agit aujourd'hui ! En voulez-vous la preuve ? Les lois sont, en Suisse, votées par l'Assemblée Fédérale élue au système majoritaire ; si la loi est constitutionnelle, ou sur la demande de trente mille électeurs si elle n'a pas ce caractère, le vote de l'Assemblée doit être sanctionné par le pays ; c'est le referendum. Or, les statistiques officielles démontrent que des lois votées par le Conseil Fédéral, les deux tiers ne reçoivent point l'approbation populaire ; indice évident d'opinions bien diverses chez l'électeur et l'élu qui est censé le représenter.

Un système aboutissant à de tels mécomptes est appelé à disparaître. La théorie proportionnelle seule peut donner à un état une représentation fidèle. Elle s'impose chez nous !

Ainsi raisonnent et concluent les partisans du projet.

Tout le premier, je respecte leur opinion. Je rends hommage à leurs intentions et à leur talent ; avec eux, je reconnais qu'en principe la représentation proportionnelle est un progrès certain, qu'elle répond à un besoin de logique et d'équité et très volontiers je dirai avec M. Saleilles (¹) : « Pour être fort et pour vivre, il faut organiser le gouvernement des supériorités, il faut surtout établir l'union et la cohésion entre les éléments du corps social. Il faut qu'à tous les degrés il y ait coopération, aide et assistance de façon à former ce tout homogène que doit être une nation et une patrie. Gouvernement et coopération ce sont les lois de la vie ». J'ajouterai un mot : c'est l'idéal.

Malheureusement notre pensée s'égare souvent

(¹) R. Saleilles. La Représentation Proportionnelle. (Revue du droit public, mars-avril-mai-juin 1898).

dans le pays des rêves. A côté de l'idée doit s'envisager la pratique et à ce point de vue, je ne crains pas de le dire, le système proposé est impossible.

Sans doute, sur le papier, tout semble fonctionner à merveille, les classifications y sont aisées « mais a-t-on réfléchi que sur n'importe quelle question les opinions sont innombrables, inclassables ? Songez qu'elles varient d'homme à homme et dans chaque homme d'instant à instant ». (¹).

Sans doute aussi l'électeur peut, sans nulle astreinte, choisir ses candidats en des partis divers mais a-t-on oublié qu'il doit, avant tout, voter pour une liste qu'il désapprouve peut-être avec toutes les autres ?

Sans doute enfin tout se résume en quelques opérations d'arithmétique, mais seront-elles aussi simples qu'on veut bien le prétendre ? Les additions seront longues et nombreuses, les divisions donneront des restes qu'il faudra transformer en fractions ; celles-ci seront à réduire au même dénominateur pour une comparaison plus sûre. Est-ce pratique ?

L'électeur demande à voir, à contrôler lui-même. Le pourra-t-il ?

Je le répète, la complication pratique est trop

(¹) Charles Benoist : Sophismes Politiques de ce temps.

évidente et un tel système ne sera jamais populaire chez nous.

Il fonctionne, dit-on ; mais où ? En de minuscules états, en des provinces plutôt, et ceux-là qui citent quelques rares pays de plus grande importance doivent reconnaître tous les premiers, que le procédé ne s'y applique qu'en certains cas seulement et pour des élections restreintes.

J'ai cité le Danemark ; la représentation proportionnelle y a été réduite à deux reprises. En Espagne, les circonscriptions sont bien rares où elle fonctionne encore. L'Italie ne l'admet que pour les élections municipales et c'est au point de vue municipal aussi (j'allais dire marseillais), que M. Rostand en a étudié l'application. Dois-je enfin signaler le Cap, l'île de Malte et quelques cantons suisses et sont-ce là des Etats véritables ?

Le procédé subsiste en certains districts américains mais de façon fort discrète. Repoussé à Sydney, repoussé aussi en Angleterre après quelques années d'expérience défavorable, il n'a pas eu en Belgique un sort meilleur. Chez nous enfin, au cours de la dernière législature, M. l'abbé Lemire a déposé sur le bureau de la Chambre un projet de loi qui, comme tant d'autres, n'a jamais été pris en considération.

Des livres paraissent cependant, des brochures s'impriment, des Sociétés se fondent ; en un mot, le

problème est posé, mais, — à mon sens du moins, —
il est encore à résoudre.

Souhaitons qu'à notre pays revienne cet honneur.

Ce sera un sillon nouveau, tracé dans le champ
des améliorations sociales.

Par le vote obligatoire, les majorités seront vraies,
par le système proportionnel la représentation sera
fidèle.

Les deux projets sont à examiner avec soin. Le
premier est mûr déjà et instamment on le réclame.
Le second exige encore un perfectionnement pratique mais doit-on pour cela lui refuser tout crédit ?
La France fut toujours la patrie du progrès et déses-
pérer serait douter d'elle.

***

Messieurs,

J'ai à m'excuser auprès de vous. Peut-être a-t-il
été malséant, superflu tout au moins de parler ici de
minorités et de vote obligatoire. Notre Barreau
ignore les partis ; il ne connaît que la concorde et
l'union et saisit avec joie toutes les occasions qui lui
sont données de manifester ses sentiments.

Votre élection récente, Monsieur le Bâtonnier, en est une preuve nouvelle ajoutée à bien d'autres. En vous accordant l'unanimité de leurs suffrages, vos confrères ont voulu rendre hommage à votre talent et vous prouver leur sympathie. A d'autres honneurs vient se joindre pour vous celui de veiller aux destinées de notre Ordre. Elle ne pouvaient tomber en meilleures mains.

L'amitié de mes confrères me permet de saluer en leur nom votre avènement; j'en suis confus mais heureux. Notre Conférence vous réserve un accueil digne de vous, fait de déférence, d'estime et d'affection.

Mais à la joie de vous recevoir parmi nous se mêle en nos cœurs le regret de nous séparer de celui qui pendant deux ans a, avec tant de modestie, de bienveillance et d'autorité, présidé à nos travaux. Au cours de votre bâtonnat, Maître Drogoul, vous n'avez pu que resserrer encore les liens de respectueuse amitié qui déjà nous unissaient à vous; il n'en pouvait être autrement. Vous avez su encourager les uns, féliciter les autres, nous aider tous de vos conseils et de votre exemple. Vous avez été pour nous un père, puissions-nous être vos imitateurs !

Mes chers confrères,

Il me reste un devoir à remplir et je ne veux vous quitter sans vous exprimer ma gratitude. Ne voyez point en ces lignes le respect d'un usage banal, l'accomplissement d'une simple formalité. Mes paroles partent du cœur et agréez, je vous prie, mes remercîments tels que je vous les exprime, affectueux et sincères.

Nous nous sommes rencontrés au seuil d'une carrière belle entre toutes et enviée aussi. Mais les débuts y sont parfois pénibles et aux heures de tristesse les sympathies consolent. Les vôtres me sont bien douces et je saurai en conserver un souvenir ineffaçable,

Vos suffrages ne s'expliquent que par une indulgence imméritée. Cette indulgence, en terminant, je vous la demande encore, heureux si vous me conservez toujours cette amitié qui m'est si chère.

ORDRE DES AVOCATS DE MARSEILLE

EXTRAIT DES DÉLIBÉRATIONS DU CONSEIL DE DISCIPLINE

Séance du 24 février 1899

Etaient présents : MM^{es} BARET, bâtonnier ; AMBARD, DROGOUL, anciens bâtonniers ; PÉLISSIER, COUVE, BOREL, SEGOND, GARDAIR et JAUFFRET, secrétaire.

Sur le rapport favorable de Me AMBARD ;

Le Conseil, sans avoir selon l'usage à prendre parti sur les opinions exprimées dans le discours prononcé par Me PIANELLO à la séance de rentrée de la Conférence, décide à l'unanimité qu'il y a lieu de faire imprimer ce discours aux frais de l'Ordre.

<table>
<tr><td>Le Secrétaire,</td><td>Le Bâtonnier,</td></tr>
<tr><td>WULFRAN JAUFFRET</td><td>FÉLIX BARET</td></tr>
</table>

IMPRIMERIE LITHOGRAPHIE BARLATIER

MARSEILLE

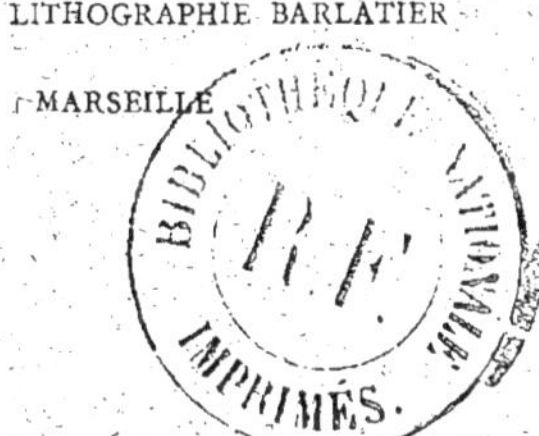

2/16